Math in Focus
Singapore Math
by Marshall Cavendish

School-to-Home Connections

Contributor

Meena Newaskar

US Distributor

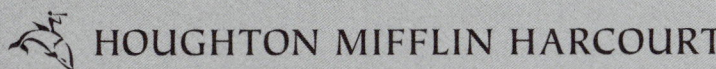

© Copyright 2009, 2013 Edition Marshall Cavendish International (Singapore) Private Limited

Published by Marshall Cavendish Education
An imprint of Marshall Cavendish International (Singapore) Private Limited
Times Centre, 1 New Industrial Road, Singapore 536196
Customer Service Hotline: (65) 6411 0820
E-mail: tmesales@sg.marshallcavendish.com
Website: www.marshallcavendish.com/education

Distributed by
Houghton Mifflin Harcourt
222 Berkeley Street
Boston, MA 02116
Tel: 617-351-5000
Website: www.hmheducation.com/mathinfocus

First published 2009
2013 Edition

All rights reserved. Permission is hereby granted to teachers to reprint or photocopy in classroom quantities, for use by one teacher and his or her students only, the pages in this work that carry the appropriate copyright notice, provided each copy made shows the copyright notice. Such copies may not be sold, and further distribution is expressly prohibited. Except as authorized above, no part of this publication may be reproduced, stored in a retrieval system or transmitted, in any form or by any means, electronic, mechanical, photocopying, recording or otherwise, without the prior written permission of Marshall Cavendish Education.

Marshall Cavendish and *Math in Focus* are registered trademarks of Times Publishing Limited.

Math in Focus® School-to-Home Connections Grade 2
ISBN 978-0-669-02603-0

Printed in Singapore

2 3 4 5 6 7 8   1401   18 17 16 15 14 13
4500398744   A B C D E

Contents

Preface		iv
Welcome letter		1
Chapter 1	Numbers to 1,000	5
Chapter 2	Addition up to 1,000	7
Chapter 3	Subtraction up to 1,000	9
Chapter 4	Using Bar Models: Addition and Subtraction	11
Chapter 5	Multiplication and Division	13
Chapter 6	Multiplication Tables of 2, 5, and 10	15
Chapter 7	Metric Measurement of Length	17
Chapter 8	Mass	19
Chapter 9	Volume	21
Chapter 10	Mental Math and Estimation	23
Chapter 11	Money	25
Chapter 12	Fractions	27
Chapter 13	Customary Measurement of Length	29
Chapter 14	Time	31
Chapter 15	Multiplication Tables of 3 and 4	33
Chapter 16	Using Bar Models: Multiplication and Division	35
Chapter 17	Picture Graphs	37
Chapter 18	Lines and Surfaces	39
Chapter 19	Shapes and Patterns	41
End-of-Year letter		43

Preface

This *School-to-Home Connections* book is created to facilitate communication between teacher and families and to help adults at home support their child's experiences in math at school.

Math in Focus® *School-to-Home Connections* consists of one newsletter per chapter as well as a Welcome letter and an End-of-Year letter, each in both English and Spanish. The newsletters include:
- vocabulary terms with explanations
- a brief outline of the math content for the chapter
- a simple and engaging activity for an adult at home to do with the child to explore or practice a key concept or skill.

Students whose parents are involved and supportive tend to be more engaged and successful in the classroom. Take advantage of this opportunity to connect with your students' families. Send the newsletters home near the beginning of each chapter so that families can discuss concepts with their child as they are being presented in school.

Dear Family,

Welcome to *Math in Focus®: Singapore Math by Marshall Cavendish*, the world-class math curriculum from Singapore adapted for U.S. classrooms based on updated math standards.

The *Math in Focus* program consists of Student textbooks and Workbooks that work together. At school, your child will use the Student textbook to learn math concepts and practice extensively to develop a deeper understanding. Your child will also participate in activities or games, and discuss his or her findings in class.

Your child will be assigned pages from the Workbook to be completed as individual work. This will include:

Practice problems to reinforce math skills and concepts

Put on Your Thinking Cap!
- **Challenging Practice** problems to help broaden your child's thinking skills and extend their understanding of concepts
- **Problem Solving** questions to challenge your child to use relevant problem-solving strategies for non-routine problems

Math in Focus addresses topics in greater depth at each grade. This year, your second grader will focus on:
- building problem-solving skills and strategies
- counting, comparing, and writing numbers to 1,000
- adding, subtracting, multiplying and dividing using bar models
- measuring length, mass, and volume in metric units
- telling time
- recognizing bills and coins

You can help your child build confidence as well as communication skills in mathematics by practicing newly acquired skills at home. Throughout the year, I will be sending home letters that will help you understand what your child will be learning in school. These letters contain activities that give you and your child an opportunity to work together to hone new skills.

You can encourage your child's efforts by taking advantage of opportunities to use math in everyday situations. Allow your child's math class-work or homework to guide you in determining the appropriate level of challenge.

While at the supermarket or at home,

- have your child to read food labels to compare weight
- help your child measure small objects using a centimeter ruler
- estimate and weigh packaged food items
- estimate, compare and measure heights of furniture
- compare and exchange different amounts of money
- practice telling time and finding elapsed time

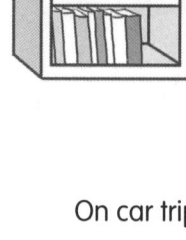

On car trips encourage your child to:
- make 3-digit numbers and order them from least to greatest
- mentally add or subtract 3-digit numbers and multiples of ten

I look forward to working with you and your child this year.
Please contact me if you have any questions about the program or about your child's progress.

Estimada familia:

Bienvenidos a *Math in Focus®: Singapore Math by Marshall Cavendish*, el plan de estudios de matemáticas del segundo grado de Singapur, adaptado para clases de EE.UU. según normas matemáticas actualizadas.

El programa *Math in Focus* consta de textos y libros de trabajo para el estudiante que se utilizan en conjunto. En la escuela, su hijo utilizará el texto para el estudiante para aprender conceptos matemáticos y practicar extensamente con el objeto de lograr una mayor comprensión. Su hijo también participará en actividades o juegos, y conversará sobre sus hallazgos en clases.

A su hijo se le asignarán páginas del libro de trabajo para que las complete como trabajo individual. Esto incluirá: Problemas **prácticos** para retorzar las destrezas y los conceptos matemáticos

¡Pon tu cerebro a trabajar!
- Problemas **prácticos desafiantes** para ayudar a ampliar las destrezas de pensamiento y su comprensión de los conceptos
- Preguntas para **resolución de problemas** para desafiar a su hijo a utilizar estrategias de resolución de problemas no rutinarios

Math in Focus abarca temas con mayor profundidad en cada grado. Este año, su hijo de segundo grado se centrará en:
- crear destrezas y estrategias de resolución de problemas
- contar, comparar y escribir números hasta 1,000
- sumar, restar, multiplicar y dividir con modelos de barra
- medir longitudes, masa y volumen en unidades métricas
- aprender a leer la hora
- reconocer billetes y monedas
- clasificar líneas y superficies

Puede ayudar a su hijo a crear confianza y destrezas de comunicación en matemáticas al practicar en casa las destrezas recientemente adquiridas. Durante el año, le enviaré cartas que le permitirán entender qué estará aprendiendo su hijo en la escuela. Estas cartas contienen actividades que brindan a usted y a su hijo una oportunidad para trabajar juntos con el fin de perfeccionar nuevas destrezas.

Puede estimular los esfuerzos de su hijo al aprovechar las oportunidades de utilizar matemáticas en situaciones cotidianas. Permita que el trabajo en clase o las tareas de matemáticas de su hijo lo orienten para determinar el nivel adecuado de desafío.

Si está en el supermercado o en la casa,

- pida a su hijo que lea las etiquetas de los alimentos para comparar el peso
- pida a su hijo que mida pequeños objetos usando una regla en centímetros
- estime y pese alimentos envasados
- estime, compare y mida la altura de los muebles
- compare e intercambie diferentes cantidades de dinero
- practique decir la hora y averigüe el tiempo transcurrido

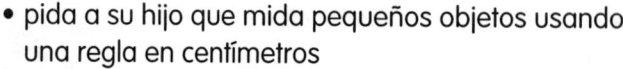

Durante viajes en automóvil inste a su hijo a:

- formar números de tres dígitos y a ordenarlos de menor a mayor
- sumar o restar mentalmente números de tres dígitos y múltiplos de diez

Espero con interés trabajar con usted y su hijo este año. Comuníquese conmigo si tiene alguna pregunta sobre el programa o sobre el avance de su hijo.

Math in Focus
SCHOOL to HOME Connections

Chapter 1 Numbers to 1,000

Dear Family,

In this chapter, your child will learn numbers to 1,000. Some of the skills your child will practice are:
- using place-value charts to read, write, compare, and order numbers to 1,000
- counting on by 10s and 100s to 1,000
- identifying number patterns

Activity Compare and Order

Understanding the place value structure of numbers makes it easier for children to deal with greater numbers. In this activity, your child will use the concept of place value to compare and order numbers through 999. Write the numbers 0 to 9 on index cards. Draw a place-value chart on a sheet of paper like the one shown in the Vocabulary box.

- Encourage your child to pick three cards from the stack and make three different 3-digit numbers using these cards.
- Have your child write each number in the place-value chart, placing each digit in the correct column.
- Now, ask your child to order the numbers from least to greatest. Have your child use the terms *greater than* and *less than* to compare the numbers.
- Repeat the activity with different numbers.

Vocabulary to Practice

This **place-value chart** shows the number 326.

Number	Hundreds	Tens	Ones
326	3	2	6

| 326 | | 236 | | 623 |

623 is the **greatest** number.
236 is the **least** number.
326 is **less than** 623. This can be written as

$$326 < 623$$

326 is **greater than** 236. This can be written as

$$326 > 236$$

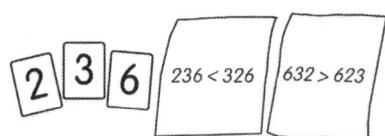

Math in Focus
Conexiones entre ESCUELA Y CASA

Capítulo 1 Números hasta 1,000

Estimada familia:

En este capítulo, su hijo aprenderá los números hasta 1,000. Algunas de las destrezas que practicará su hijo son:

- leer, escribir, comparar y ordenar números hasta 1,000 usando tablas de valor posicional
- contar en decenas y centenas hasta 1,000
- identificar patrones numéricos

Actividad Comparación y orden

Entender la estructura del valor posicional de los números ayuda a los niños a trabajar con números mayores. En esta actividad, su hijo usará el concepto de valor posicional para comparar y ordenar los números hasta 999. Escriba números de 0 a 9 en tarjetas. Dibuje una tabla de valor posicional en una hoja de papel como la que se ilustra en el cuadro de vocabulario.

- Inste a su hijo a que elija tres tarjetas de la pila y forme tres números diferentes de tres dígitos usando estas tarjetas.
- Pida a su hijo que escriba cada número en la tabla de valor posicional, colocando cada dígito en la columna correcta.
- Ahora pida a su hijo que ordene los números de menor a mayor. Pida a su hijo que utilice los términos *mayor que* y *menor que* para comparar los números.
- Repita la actividad con diferentes números.

Vocabulario para practicar

Esta **tabla de valor posicional** representa el número 326.

Número	Centenas	Decenas	Unidades
326	3	2	6

| 326 | 236 | 623 |

623 es el número **mayor**.
236 es el número **menor**.
326 es **menor que** 623. Se puede escribir como

$$326 < 623$$

326 es **mayor que** 236. Se puede escribir como

$$326 > 236$$

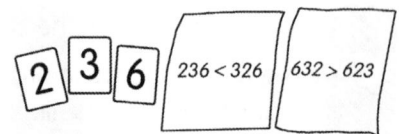

6 Math in Focus   Grade 2

Math in Focus
SCHOOL to HOME Connections

Chapter 2 Addition up to 1,000

Dear Family,

In this chapter, your child will learn to add numbers up to 1,000. Some of the skills your child will practice are:
- using place-value charts to add numbers with and without regrouping
- solving real-world addition problems

Activity Use Grids to Add

As children start working with greater numbers, they must be able to use the vertical form correctly to add.
Write the numbers 278 to 281 on a sheet of paper.
On another sheet of paper, draw a grid like the one shown.

	2	7	8
+	2	7	9
	5	5	7

- Ask your child to use the grid to add two numbers at a time, for example, 278 + 279, or 278 + 280, and so on.
- Ask your child to find the two numbers which give the greatest number and the least number when added.
  (Adding the two greatest numbers, 280 and 281, gives the greatest sum and adding the two least numbers, 278 and 279, gives the least sum.)

Vocabulary to Practice

This **place-value chart** shows the number 326.

Number	Hundreds	Tens	Ones
326	3	2	6

To **regroup** numbers when adding, you change:
- 10 ones to 1 ten
- 10 tens to 1 hundred

For example,

$$\begin{array}{r} \overset{11}{2}77 \\ +\,354 \\ \hline 631 \end{array}$$

Math in Focus
Conexiones entre ESCUELA Y CASA

Capítulo 2 Sumar hasta 1,000

Estimada familia:

En este capítulo, su hijo aprenderá a sumar números hasta 1,000. Algunas de las destrezas que practicará su hijo son:
- usar tablas de valor posicional para sumar números con y sin agrupación
- resolver problemas de sumatoria reales

Vocabulario para practicar

Esta **tabla de valor posicional** representa el número 326.

Número	Centenas	Decenas	Unidades
326	3	2	6

Para **reagrupar** números al sumar, se cambia:
- 10 unidades por 1 decena
- 10 decenas por 1 centena

Por ejemplo,

$$\begin{array}{r} \overset{1\ 1}{2\ 7\ 7} \\ +\ 3\ 5\ 4 \\ \hline 6\ 3\ 1 \end{array}$$

Actividad Uso de cuadrículas para sumar

A medida que el niño comience a trabajar con números mayores, deberá estar en condiciones de sumar correctamente en forma vertical.
Escriba los números del 278 al 281 en una hoja de papel.
En otra hoja de papel, dibuje una cuadrícula como la que se ilustra.

	2	7	8
+	2	7	9
	5	5	7

- Pida a su hijo que use la cuadrícula para sumar dos números al mismo tiempo, por ejemplo, 278 + 279 ó 278 + 280, etc.
- Pida a su hijo que encuentre los dos números que al sumarlos producen como resultado el número mayor y el número menor.

  (Al sumar los dos números mayores, 280 y 281, resulta la suma mayor y al sumar los números menores, 278 y 279, resulta la suma menor.)

Math in Focus
SCHOOL to HOME
Connections

Chapter 3 Subtraction up to 1,000

Dear Family,

In this chapter, your child will learn to subtract numbers within 1,000. Some of the skills your child will practice are:
- using place-value charts to subtract numbers with and without regrouping
- solving real-world subtraction problems
- applying the inverse operations of addition and subtraction

Activity Subtract and Check

This activity will help your child practice the skill of subtracting numbers using the vertical form and also checking answers using addition. On a sheet of paper write the numbers 912, 813, 714, and 615. On another sheet of paper draw a grid like the one shown.

Vocabulary to Practice

This **place-value chart** shows the number 326.

Number	Hundreds	Tens	Ones
326	3	2	6

To **regroup** numbers when subtracting, you change:
- 1 ten to 10 ones
- 1 hundred to 10 tens

For example,

$$\overset{4}{\cancel{5}}{}^{1}37$$
$$-\;2\;7\;2$$
$$\overline{2\;6\;5}$$

	9	1	2
−	6	1	5
	2	9	7

- Ask your child to use the grid to subtract two numbers at a time, for example, 912 − 813, or 912 − 615, and so on.
- Have your child check his or her answer using addition.
  (Hint: If 912 − 615 = 297, then 297 + 615 should equal 912.)

Math in Focus
Conexiones entre
ESCUELA Y CASA

Capítulo 3 Restar hasta 1,000

Estimada familia:

En este capítulo, su hijo aprenderá a restar números hasta 1,000. Algunas de las destrezas que practicará su hijo son:

- usar tablas de valor posicional para restar números con y sin reagrupación
- resolver problemas de resta reales
- aplicar las operaciones inversas de suma y resta

Vocabulario para practicar

Esta **tabla de valor posicional** representa el número 326.

Número	Centenas	Decenas	Unidades
326	3	2	6

Para **reagrupar** números al restar, se cambia:
- 1 decena por 10 unidades
- 1 centena por 10 decenas

Por ejemplo,

$$\begin{array}{r} \overset{4}{\cancel{5}}\,^{1}3\,7 \\ -\,2\,7\,2 \\ \hline 2\,6\,5 \end{array}$$

Actividad Resta y comprobación

Esta actividad ayudará a su hijo a practicar la destreza de restar números usando la forma vertical y también a comprobar las respuestas usando la suma. En una hoja de papel dibuje los números 912, 813, 714 y 615. En otra hoja de papel, dibuje una cuadrícula como la que se ilustra.

	9	1	2
−	6	1	5
	2	9	7

- Pida a su hijo que use la cuadrícula para restar dos números al mismo tiempo, por ejemplo 912 - 813 ó 912 - 615, etc.
- Pida a su hijo que compruebe sus respuestas utilizando la suma. (Pista: Si 912 − 615 = 297, entonces 297 + 615 debe ser igual a 912.)

Math in Focus
SCHOOL to HOME Connections

Chapter 4 Using Bar Models: Addition and Subtraction

Dear Family,

In this chapter, your child will learn to use bar models to solve addition and subtraction problems.
Some of the models they will use are:
- addition models for joining sets
- subtraction models for taking away sets
- comparison models for comparing sets

Activity Solve Using Bar Models

Drawing bar models is an important math skill that makes it easier for children to visualize and solve complicated problems. Help your child practice by asking him or her to draw bar models for the following addition and subtraction stories and explain each model to you.

- Joe's mother makes 12 pancakes. Joe eats 4 pancakes. How many pancakes are left?
- Rachel's mother makes 12 pancakes. If Rachel eats some pancakes and 7 pancakes are left, how many pancakes did Rachel eat?
- Anna makes 20 pancakes. Carol makes 12 pancakes. Who makes more pancakes? How many more?
- Karen makes 9 fewer pancakes than Tony. Karen makes 15 pancakes. How many pancakes does Tony make?

Vocabulary to Practice

Addition Model:

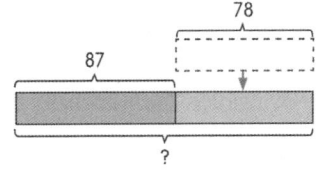

$87 + 78 = 165$

Subtraction Model:

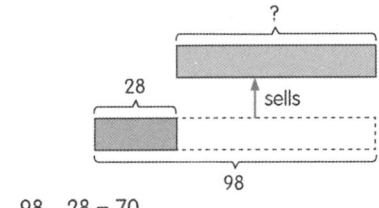

$98 - 28 = 70$

Comparison Model:

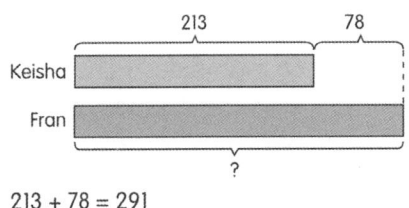

$213 + 78 = 291$

Math in Focus
Conexiones entre ESCUELA Y CASA

Capítulo 4 · Uso de modelos de barra: suma y resta

Estimada familia:

En este capítulo, su hijo aprenderá a usar modelos de barra para resolver problemas de suma y resta.
Algunos de los modelos que usará son:
- modelos de suma para unir conjuntos
- modelos de resta para separar conjuntos
- modelos de comparación para comparar conjuntos

Actividad — Uso de modelos de barra para resolver problemas

El dibujo de modelos de barra es una destreza de matemáticas importante que ayuda al niño a visualizar y a resolver problemas complicados. Ayude a practicar a su hijo pidiéndole que dibuje modelos de barra para los siguientes casos de suma y resta, y que le explique cada modelo.

- La mamá de Joe hizo 12 panqueques. Joe se comió 4 panqueques. ¿Cuántos panqueques sobraron?
- La mamá de Rachel hizo 12 panqueques. Si Rachel se come algunos panqueques y sobran 7, ¿Cuántos panqueques se comió Rachel?
- Anna hizo 20 panqueques. Carol hizo 12 panqueques. ¿Quién hizo más panqueques? ¿Cuántos más?
- Karen hizo 9 panqueques menos que Tony. Karen hizo 15 panqueques. ¿Cuántos panqueques hizo Tony?

Vocabulario para practicar

Modelo de suma:

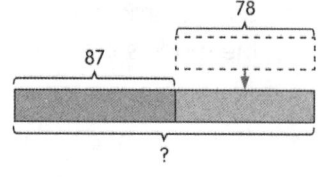

$87 + 78 = 165$

Modelo de resta:

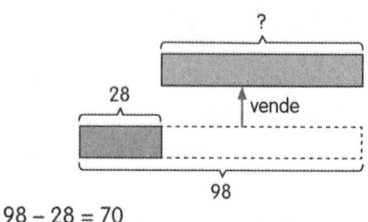

$98 - 28 = 70$

Modelo de comparación:

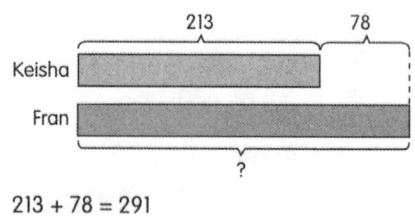

$213 + 78 = 291$

Math in Focus
SCHOOL to HOME Connections

Chapter 5 Multiplication and Division

Dear Family,

In this chapter, your child will learn about multiplication and division. Some of the skills your child will practice are:
- using repeated addition of equal groups to multiply
- using repeated subtraction of equal groups to divide
- relating the concept of division to sharing equally
- making multiplication sentences and stories

Activity Multiply

Understanding that multiplication and division deal with equal groups is important for children before they learn more about these operations at higher levels. Show your child equal groups of an object, for example, 3 groups of 5 beans.

- Have your child count the number of groups and the number of beans in each group.
- Have your child write the relevant addition and multiplication sentences. For example,
  5 + 5 + 5 = 15
  3 groups of 5 = 15
  3 × 5 = 15

Vocabulary to Practice

You can use **repeated addition** or **multiplication** to find the total number.
Repeated addition:
4 + 4 = 8
Multiplication:
2 × 4 = 8

To **divide** 6 by 2, you can use **repeated subtraction**.
Division: 6 ÷ 2 = 3
Repeated subtraction:
6 − 2 − 2 − 2 = 0
(groups of 2 are subtracted 3 times)

Math in Focus
Conexiones entre ESCUELA Y CASA

Capítulo 5 Multiplicación y división

Estimada familia:

En este capítulo, su hijo aprenderá sobre multiplicación y división. Algunas de las destrezas que practicará su hijo son:
- multiplicar usando sumas repetidas de grupos iguales
- dividir usando restas repetidas de grupos iguales
- relacionar el concepto de división para distribuir equitativamente
- hacer casos y enunciados de multiplicación

Actividad Multiplicación

Es importante para el niño entender que la multiplicación y la división funcionan con grupos iguales antes de que aprenda más acerca de estas operaciones con mayor complejidad. Muéstrele a su hijo grupos iguales de un objeto, por ejemplo, tres grupos de cinco frijoles.

- Pida a su hijo que cuente el número de grupos y el número de frijoles de cada grupo.
- Pida a su hijo que escriba los enunciados importantes de multiplicación y suma. Por ejemplo,
  5 + 5 + 5 = 15
  3 grupos de 5 = 15
  3 × 5 = 15

Vocabulario para practicar

Se puede usar **suma de repetición** ó **multiplicación** para averiguar el número total.
Suma de repetición:
4 + 4 = 8
Multiplicación:
2 × 4 = 8

Para **dividir** 6 entre 2, se puede usar **resta de repetición**.
División: 6 ÷ 2 = 3
Resta de repetición:
6 − 2 − 2 − 2 = 0
(grupos de 2 se restan 3 veces)

Math in Focus
SCHOOL to HOME Connections

Chapter 6 Multiplication Tables of 2, 5, and 10

Dear Family,

In this chapter, your child will learn to multiply by 2, 5, and 10. Some of the skills your child will practice are:
- multiplying using dot paper and by skip-counting
- using known multiplication facts to find new multiplication facts
- dividing using related multiplication facts

Activity Fun with Groups

A thorough understanding of basic multiplication facts and the relation between multiplication and division will help children multiply and divide numbers easily, especially when they work with greater numbers. Give your child 10 buttons (do not tell them the total number) and 2 plates.

- Ask your child to place 5 buttons on each plate.
- Now, have your child write a multiplication sentence to find the total number of buttons. (There are 2 groups of 5. $2 \times 5 = 10$)
- Ask your child to write a related division sentence. ($10 \div 2 = 5$)
- Give your child a few more plates. Ask your child to group the 10 buttons in another way to make equal groups. (10 groups of 1 button each, or 5 groups of 2 buttons each.)
- Have your child write the multiplication sentence and the related division sentence for the groups he or she has made.

Vocabulary to Practice

Skip-Counting:
Skip-counting by 2s:

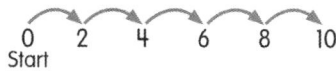

Skip-counting by 5s:

Skip-counting by 10s:

Related Multiplication Facts:
$5 \times 2 = 10$ and
$2 \times 5 = 10$
are related multiplication facts.

Related division sentences
for these multiplication facts are
$10 \div 2 = 5$ and
$10 \div 5 = 2$.

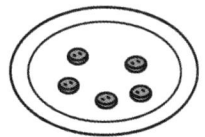

Math in Focus
Conexiones entre ESCUELA Y CASA

Capítulo 6 — Las tablas de multiplicar del 2, 5, y 10

Estimada familia:

En este capítulo su hijo aprenderá a multiplicar por 2, 5, y 10. Algunas de las destrezas que practicará su hijo son:

- multiplicar usando papel punteado y contando salteado
- encontrar nuevas operaciones de multiplicación usando operaciones de multiplicación conocidas
- dividir usando operaciones de multiplicación relacionadas

Actividad Diversión con grupos

Un conocimiento más profundo de las operaciones de multiplicación básicas y de la relación entre multiplicación y división ayudará al niño a multiplicar y a dividir números de manera más fácil, en especial cuando trabaje con números más grandes. Déle a su hijo diez botones (no le diga el número total) y dos platos.

- Pida a su hijo que coloque cinco botones en cada plato.
- Ahora, pida a su hijo que escriba un enunciado de multiplicación para hallar el número total de botones. (Hay 2 grupos de 5. $2 \times 5 = 10$)
- Pida a su hijo que escriba un enunciado de división relacionado. ($10 \div 2 = 5$)
- Entregue a su hijo algunos platos más. Pida a su hijo que agrupe los diez botones de una manera diferente para formar grupos iguales. (10 grupos de 1 botón cada uno, o 5 grupos de 2 botones cada uno.)
- Pida a su hijo que escriba el enunciado de multiplicación y el enunciado de división relacionado para los grupos que formó.

Vocabulario para practicar

Contar salteado:
Contar salteado de a dos:

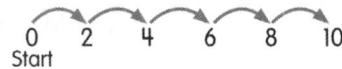

Contar salteado de a cinco:

Contar salteado de a diez:

Operaciones de multiplicación relacionadas:
$5 \times 2 = 10$ y
$2 \times 5 = 10$
son operaciones de multiplicación relacionadas.

Los enunciados de división relacionados para estas operaciones de multiplicación son
$10 \div 2 = 5$ y
$10 \div 5 = 2$.

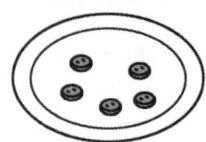

Math in Focus
SCHOOL to HOME Connections

Chapter 7 Metric Measurement of Length

Dear Family,

In this chapter, your child will learn to measure lengths in meters and centimeters.
Some of the skills your child will practice are:
- using a meterstick or a centimeter ruler to measure length
- comparing the lengths of objects and finding the difference in their lengths

Activity Measure the Length

The metric system of measurement is a commonly used international system of measuring units, making it important for children to understand lengths measured in metric units. Show your child the centimeter ruler at the bottom of this page and help him or her get a sense of how much one centimeter is.

- Give your child a few small objects such as a pen, an eraser, a paper clip, a calculator, and so on.
- For each object, ask your child to guess if its length is more than or less than 5 cm.
- Then ask your child to measure the object by placing it against the centimeter ruler given here. (Guide your child to measure to the nearest centimeter.)
- Repeat with different objects until your child has a good sense of how much a centimeter is.

Vocabulary to Practice

A **meterstick** is a tool used to measure the length of objects.

The **meter** is a unit of length. It is a little longer than 3 feet.

The **centimeter** is also a unit of length, which can be used to measure smaller lengths.

Comparing lengths:
If A is 1 meter tall, B is 2 meters tall, and C is 3 meters tall, then
B is **taller** than A.
C is the **tallest**.
A is the **shortest**.

If D is 1 meter long, E is 2 meters long, and F is 3 meters long, then
E is **longer** than D.
F is the **longest**.
D is the **shortest**.

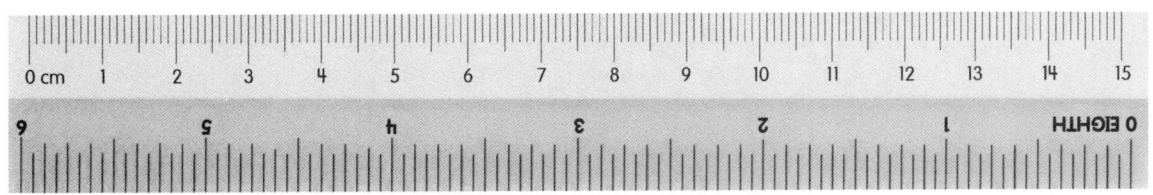

Math in Focus
Conexiones entre ESCUELA Y CASA

Capítulo 7 Medición métrica de longitud

Estimada familia:

En este capítulo, su hijo aprenderá a medir longitudes en metros y en centímetros.

Algunas de las destrezas que practicará su hijo son:

- medir longitud usando una regla de un metro o una regla en centímetros
- comparar las longitudes de objetos y hallar la diferencia en sus longitudes

Actividad Medida de la longitud

El sistema métrico de medición es un sistema de unidades de medición que se utiliza comúnmente a nivel internacional, y es importante para que los niños entiendan las longitudes medidas en unidas métricas. Muéstrele al niño la regla en centímetros que está al final de esta página y ayúdelo a comprender a cuánto equivale un centímetro.

- Entregue a su hijo algunos pequeños objetos como un lápiz, una goma de borrar, un clip, una calculadora, etc.
- Para cada objeto, pida a su hijo que adivine si su longitud es mayor o menor a 5 cm.
- Luego, pídale que mida el objeto colocándolo contra la regla en centímetros que aquí se entrega. (Guíe a su hijo para que mida desde el centímetro más cercano.)
- Repita con diferentes objetos hasta que su hijo comprenda el sentido del significado de un centímetro.

Vocabulario para practicar

Una **regla de un metro** es una herramienta para medir la longitud de los objetos.

El **metro** es una unidad de longitud. Equivale a un poco más de 3 pies.

El **centímetro** también es una medida de longitud, que se puede usar para medir longitudes más pequeñas.

Comparando longitudes:
Si A tiene 1 metro de altura,
B tiene 2 metros y C tiene
3 metros, entonces
B es **más alto** que A.
C es **el más alto**.
A es **el más corto**.

Si D tiene 1 metro de largo,
E tiene 2 metros y F tiene
3 metros, entonces
E es **más largo** que D.
F es **el más largo**.
D es **el más corto**.

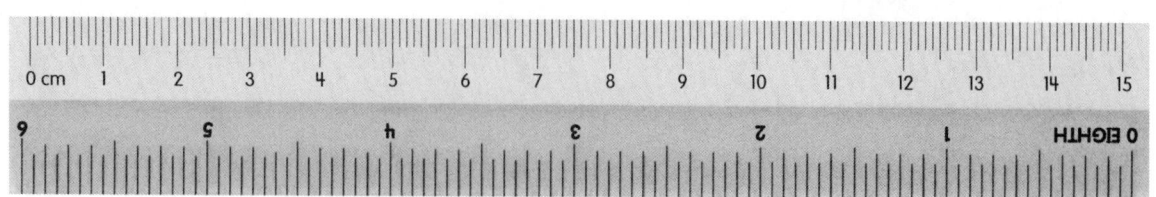

Math in Focus
SCHOOL to HOME
Connections

Chapter 8 Mass

Dear Family,

In this chapter, your child will learn to measure mass in kilograms and grams. Work in this chapter will include:

- using a measuring scale to measure mass in kilograms and grams
- comparing and ordering masses
- using bar models to solve problems about mass

Activity Heavier or Lighter?

In the metric system, mass is measured in kilograms and grams. It is important for your child to be familiar with these standard units for measuring mass, as they are widely used throughout the world. Use this activity to help your child get a sense of how much a few hundred grams is.

Gather several items of packaged food, for example, a box of pasta, a can of beans, and so on.

- Ask your child to read the label on one of the items to see how much it weighs in grams.
- Then have your child heft each of the other items, and guess whether it weighs more or less than the first item. For example, if the can of beans is 300 g, the box of pasta feels like a little more, maybe 400 g.
- Ask your child to order the items from lightest to heaviest based on his or her estimation of each of their masses.
- Then have your child read the labels on each item to check if his or her estimation and ordering is correct.

Vocabulary to Practice

The **kilogram (kg)** is a unit of mass, used for measuring the mass of heavier objects.

The **gram (g)** is a unit of mass, used for measuring the mass of lighter objects.

Comparing mass:
If Bag A has a mass of 1 kg, Bag B has a mass of 2 kg, and Bag C has a mass of 3 kg, then Bag B is **heavier than** Bag A.
Bag C is the **heaviest**.
Bag A is **lighter than** Bag B.
Bag A is the **lightest**.

Math in Focus
Conexiones entre ESCUELA Y CASA

Capítulo 8 Masa

Estimada familia:

En este capítulo, su hijo aprenderá a medir masa en kilogramos y gramos. El trabajo en este capítulo incluirá:

- medir masa en kilogramos y gramos usando una balanza
- comparar y ordenar masas
- resolver problemas sobre masa usando modelos de barra

Actividad ¿Más pesado o más liviano?

En el sistema métrico, la masa se mide en kilogramos y gramos. Es importante que su hijo se familiarice con estas unidades de medición de masa estándar, ya que se usan ampliamente en todo el mundo. Utilice esta actividad para ayudar a su hijo a comprender el sentido del significado de algunos cientos de gramos.

Recopile diversos alimentos envasados, como una caja de pasta, una lata de frijoles, etc.

- Pida a su hijo que lea las etiquetas de cada artículo para que vea cuánto pesan en gramos.
- Luego permita que su hijo levante cada uno de los otros elementos y que adivine si son más o menos pesados que el primero. Por ejemplo, si la lata de frijoles pesa 300 g, la caja de pasta se siente un poco más pesada, tal vez unos 400 g.
- Pida a su hijo que ordene los artículos del más liviano al más pesado de acuerdo con su estimación de cada una de sus masas.
- Luego, pida a su hijo que lea las etiquetas de cada artículo para verificar si su estimación y orden son correctos.

Vocabulario para practicar

El **kilogramo (kg)** es una unidad de masa, que se usa para medir la masa de objetos más pesados.

El **gramo (g)** es una unidad de masa, que se usa para medir la masa de objetos más livianos.

Comparando masas:
Si la bolsa A tiene una masa de 1 kg, la bolsa B tiene una masa de 2 kg, y la bolsa C una masa de 3 kg, entonces
La bolsa B es **más pesada que** la bolsa A.
La bolsa C es **la más pesada**.
La bolsa A es **más liviana que** la bolsa B.
La bolsa A es **la más liviana**.

Math in Focus
SCHOOL to HOME Connections

Chapter 9 Volume

Dear Family,

In this chapter, your child will explore the concept of volume. Some of the skills your child will practice are:
- measuring and comparing volume in liters
- using bar models to solve problems involving volume

Vocabulary to Practice

The amount of liquid a container has is called the **volume**. It is measured in **liters**.

Activity Find Volume

In the metric system, the volume of a liquid is measured in liters. Help your child explore the concept of volume and use the correct vocabulary to compare volumes by doing this activity with him or her. You will need three containers of the same size.
- Fill the containers with 2, 4, and 6 liters of water respectively. (You can use a 2-liter juice or soda bottle to measure.)
- Ask your child to estimate and compare the volume of water in each container using the vocabulary shown above.
- Now, give your child the 2-liter soda bottle.

Ask your child how he or she will find the volume of water in each container using the bottle.

Math in Focus
Conexiones entre ESCUELA Y CASA

Capítulo 9 Volumen

Estimada familia:

En este capítulo, su hijo aprenderá sobre el concepto del volumen. Algunas de las destrezas que practicará su hijo son:

- medir y comparar volumen en litros
- resolver problemas sobre volumen usando modelos de barra

Vocabulario para practicar

La cantidad de líquido que contiene un envase se llama **volumen**. Se mide en **litros**.

Actividad Averiguar volumen

En el sistema métrico, el volumen de un líquido se mide en litros. Ayude a su hijo a explorar el concepto de volumen y a usar el vocabulario correcto para comparar volúmenes realizando esta actividad con él o ella. Necesitará tres envases del mismo tamaño.

- Llene los envases con 2, 4, y 6 litros de agua respectivamente. (Puede usar para medir una botella de dos litros de jugo o de soda.)
- Pida a su hijo que estime y compare el volumen de agua en cada envase usando el vocabulario que aparece más arriba.
- Ahora entréguele a su hijo la botella de dos litros de soda.

Pregunte a su hijo como averiguará el volumen de agua de cada envase usando la botella.

Math in Focus Grade 2

Math in Focus
SCHOOL to HOME Connections

Chapter 10 Mental Math and Estimation

Dear Family,

In this chapter, your child will learn to add and subtract up to 3-digit numbers mentally and study estimation.
Some of the mental math strategies your child will use are:
- adding 10 then subtracting the extra ones
- adding 100 then subtracting the extra tens
- subtracting 10 then adding the extra ones
- subtracting 100 then adding the extra tens

Activity Estimate Sums and Differences

Computing mentally and estimating are key skills for your child to master. They will help your child quickly check the reasonableness of his or her answers to questions involving greater numbers. Use this activity to help your child practice mental math and estimation skills.

- Call out a 3-digit number and a multiple of ten and ask your child to find their sum or difference by computing mentally. For example, What is 247 plus 80? (327)

> Adding 80 is the same as adding 100 then subtracting 20.

- Have your child round the 3-digit number to the nearest ten and then find the estimated sum or difference mentally to check the reasonableness of the answer.
  In this example, 250 plus 80 is 330, which is close to 327.

Vocabulary to Practice

'Add 100 then subtract the extra tens' strategy:
To find 345 + 80,
Step 1: Add 100 to 345.
Step 2: Subtract 20 from the result (since 80 = 100 − 20).

'Subtract 100 then add the extra tens' strategy:
To find 529 − 70,
Step 1: Subtract 100 from 529.
Step 2: Add 30 to the result (since subtracting 70 is the same as subtracting 100 then adding 30).

Rounding is approximating a number to the nearest ten, hundred, and so on. To round a 3-digit number to the nearest ten:
863 is between 860 and 870, but it is nearer to 860.
So, 863 rounded to the nearest ten is 860.

Math in Focus
Conexiones entre ESCUELA Y CASA

Capítulo 10 Estimación y cálculo mental

Estimada familia:

En este capítulo, su hijo aprenderá a sumar y restar mentalmente hasta números de tres dígitos y a estimar.
Algunas de las estrategias de cálculo mental que practicará su hijo son:

- sumar 10 y luego restar las unidades adicionales
- sumar 100 y luego restar las decenas adicionales
- restar 10 y luego sumar las unidades adicionales
- restar 100 y luego sumar las decenas adicionales

Actividad Estimar sumas y diferencias

El cálculo mental y la estimación son destrezas clave para el dominio de su hijo. Estas ayudarán a su hijo a verificar de manera rápida la credibilidad de sus respuestas a preguntas que involucran números mayores. Use esta actividad para ayudar a su hijo a practicar destrezas de estimación y cálculo mental.

- Diga un número de tres dígitos y un múltiplo de diez y pida a su hijo que halle la suma o diferencia por medio del cálculo mental. Por ejemplo, ¿Cuánto suma 247 más 80? (327)

> Sumar 80 es lo mismo que sumar 100 y luego restar 20.

- Pida a su hijo que redondee el número de tres dígitos a la decena más cercana y que calcule mentalmente la suma o diferencia estimada para verificar la credibilidad de la respuesta.

En este ejemplo, 250 más 80 es 330, próximo a 327.

Vocabulario para practicar

Estrategia `Sumar 100, luego restar las decenas adicionales´:
Para hallar 345 + 80,
Paso 1: Sumar 100 a 345.
Paso 2: Restar 20 del resultado (puesto que 80 = 100 − 20).

Estrategia `Restar 100, luego sumar las decenas adicionales´:
Para hallar 529 − 70,
Paso 1: Restar 100 a 529.
Paso 2: Sumar 30 al resultado (puesto que restar 70 es lo mismo que restar 100 y luego sumar 30).

Redondear significa aproximar un número a la decena, centena, etc. más próxima.
Para redondear un número de tres dígitos a la decena más próxima:
863 esté entre 860 y 870, pero está más próximo a 860.
Por lo tanto, 863 redondeado a la decena más próxima es 860.

Math in Focus
SCHOOL to HOME Connections

Chapter 11 Money

Dear Family,

In this chapter, your child will learn to show and count money amounts. Some of the skills your child will practice are:
- showing and counting money using coins and bills to $20
- writing money amounts using $ and ¢
- writing dollars as cents and cents as dollars
- comparing amounts of money using tables
- using bar models to solve real-world problems involving addition and subtraction of money

Vocabulary to Practice

Bar models for addition and subtraction:

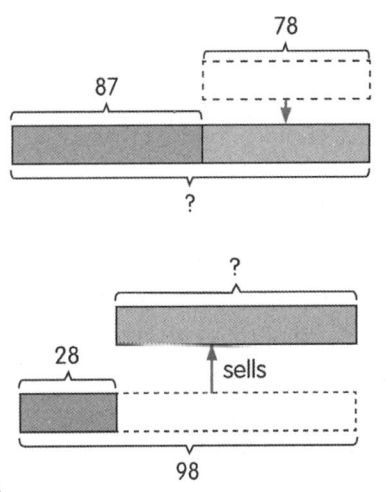

Activity Putting Together Bills and Coins

Recognizing and counting bills and coins is a basic skill that children must learn as they will perform various transactions with money in everyday life. Show your child two sets of change less than $20, each with a bill and some coins.

- For each set, ask your child to say the amount in words and write it in numbers. For example, if you show a $5 bill and two pennies, your child will say 'five dollars and two cents' and write '$5.02'.
- Have your child compare the two amounts of money and say which amount is greater.
- Now, ask your child to exchange a bill for bills or coins of a smaller denomination. For example, say 'Exchange the $5 bill for $1 bills. How many $1 bills will you need?'

Five dollars and two cents

School-to-Home Connections **25**

Math in Focus
Conexiones entre ESCUELA Y CASA

Capítulo 11 Dinero

Estimada familia:

En este capítulo, su hijo aprenderá a representar y contar cantidades de dinero. Algunas de las destrezas que practicará su hijo son:

- representar y contar dinero usando monedas y billetes hasta $20
- escribir cantidades de dinero usando $ y ¢
- escribir dólares como centavos y centavos como dólares
- comparar cantidades de dinero usando tablas
- resolver problemas reales que impliquen suma y resta de dinero usando modelos de barra

Vocabulario para practicar

Modelos de barra para sumar o restar:

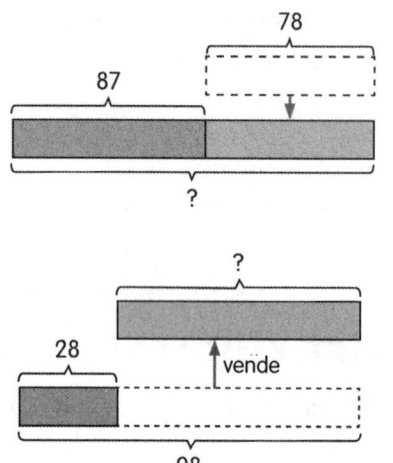

Actividad Juntar billetes y monedas

Reconocer y contar billetes y monedas es una destreza básica que los niños deben aprender a medida que realizan diversas transacciones con dinero en la vida diaria. Muestre a su hijo dos conjuntos de cambio menor a $20, cada uno con un billete y algunas monedas.

- Para cada conjunto, pida a su hijo que diga la cantidad en palabras y que la escriba en números. Por ejemplo, si le muestra un billete de $5 y dos monedas de 1¢, su hijo deberá decir `cinco dólares y dos centavos´ y escribir `$5.02´.

- Pida a su hijo que compare las dos cantidades de dinero y que señale qué cantidad es mayor.

- Ahora pida a su hijo que cambie un billete por billetes o monedas de menor denominación. Por ejemplo, `Cambia el billete de $5 por billetes de $1. ¿Cuántos billetes de $1 necesitarás?´

Cinco dólares y dos centavos

Math in Focus
SCHOOL to HOME
Connections

Chapter 12 Fractions

Dear Family,

In this chapter, your child will be introduced to the concept of fractions. Some of the skills your child will practice are:
- reading, writing, and identifying unit fractions for halves, thirds, and fourths
- drawing models to show fractions and a whole
- comparing and ordering unit fractions
- adding and subtracting like fractions

Activity Making Equal Parts

As children go to higher grades, they will see that many scenarios require them to express numbers as parts of a whole. Help your child grasp the abstract concept of fractions and understand that fractional parts of a whole are always made from equal parts by doing this activity. From a sheet of paper, cut out three circles of the same size.

- Divide the first circle into two equal halves. Have your child color one part and write a fraction to show what part of the whole is colored. ($\frac{1}{2}$)
- Now, have your child color the other part a different color and write a number sentence to show how many halves make a whole. ($\frac{1}{2} + \frac{1}{2} = 1$)
- Repeat by dividing the other two circles into three and four equal parts, respectively.
- Now, ask your child to order the fractions $\frac{1}{2}$, $\frac{1}{3}$, and $\frac{1}{4}$ from least to greatest.

Vocabulary to Practice

These parts are **unequal**.

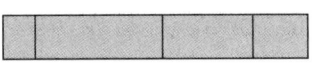

This **whole** is made up of 2 **equal** parts.

A **fraction** is a number that names equal parts of a whole. $\frac{1}{2}$ is a fraction, it is one-half.

One-third is **greater than** one-fourth.

$\frac{1}{3} > \frac{1}{4}$

A **unit fraction** names one of the equal parts of a whole.

$\frac{1}{2}$, $\frac{1}{3}$, and $\frac{1}{4}$ are unit fractions. $\frac{2}{3}$ and $\frac{3}{4}$ are not unit fractions.

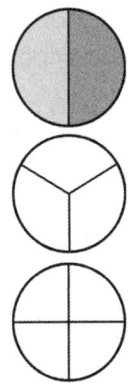

Math in Focus
Conexiones entre ESCUELA Y CASA

Capítulo 12 Fracciones

Estimada familia:

En este capítulo, su hijo aprenderá sobre el concepto de las fracciones. Algunas de las destrezas que practicará su hijo son:

- leer, escribir e identificar fracciones unitarias para mitades, tercios y cuartos
- dibujar modelos para representar fracciones y un entero
- comparar y ordenar fracciones unitarias
- sumar y restar como fracciones

Actividad Formar partes iguales

A medida que los niños avanzan de grado, verán que muchas situaciones requieren expresar los números como parte de un entero. Con esta actividad, ayudará a su hijo a captar el concepto abstracto de las fracciones y a entender que las partes fraccionarias de un entero siempre están compuestas de partes iguales. Corte tres círculos del mismo tamaño de una hoja de papel.

- Divida el primer círculo en dos partes iguales. Pida a su hijo que pinte una mitad y que escriba una fracción para representar qué parte del entero está coloreada. ($\frac{1}{2}$)
- Ahora, pida a su hijo que pinte la otra mitad de un color diferente y que escriba un enunciado numérico para representar cuántas mitades forman un entero. ($\frac{1}{2} + \frac{1}{2} = 1$)
- Repita dividiendo los otros dos círculos en tres y cuatro partes iguales respectivamente.
- Ahora pida a su hijo que ordene las fracciones $\frac{1}{2}$, $\frac{1}{3}$, y $\frac{1}{4}$ de menor a mayor.

Vocabulario para practicar

Estas partes son **desiguales**.

Este **entero** está compuesto por dos partes **iguales**.

Una **fracción** es un número que se refiere a las partes iguales de un entero.

$\frac{1}{2}$ es una fracción, una mitad.

Un tercio es **mayor que** un cuarto.

$\frac{1}{3} > \frac{1}{4}$

Una **fracción unitaria** se refiere a una de las partes iguales de un entero.

$\frac{1}{2}$, $\frac{1}{3}$, y $\frac{1}{4}$ son fracciones unitarias.

$\frac{2}{3}$ y $\frac{3}{4}$ no son fracciones unitarias.

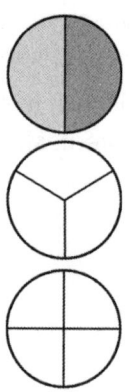

Math in Focus
SCHOOL to HOME
Connections

Chapter 13 Customary Measurement of Length

Dear Family,

In this chapter, your child will learn to measure in customary units of length. Some of the skills your child will practice are:

- using a ruler to estimate and measure length in feet and inches
- comparing lengths of objects
- finding the difference in length of objects
- using bar models to solve real-world problems involving length

Vocabulary to Practice

The **foot** is a unit of length.
The **inch** is another unit of length and it is used to measure the lengths of shorter objects.

If A is 1 foot long, B is 2 feet long, and C is 3 feet long, then:
C is the **longest**.
A is the **shortest**.
B is 1 foot **longer than** A.

Activity Measure and Compare

Being able to compare the lengths of objects helps children make many logical deductions about everyday things. For example, your child should be able to compare the heights of a bookcase and a room, and decide if the bookcase will fit in the room. In this activity your child will learn to estimate, measure, and compare lengths and heights of objects using standard units such as an inch ruler or a foot ruler.

- Have your child first choose the correct unit of measurement, (inches for shorter objects, feet for longer objects) then estimate, measure, and record the length of some pieces of furniture in your house. For example, a bookcase, a coffee table, and so on.
- Choose any two objects. Ask your child to compare their lengths and say which is longer or taller, and find how much longer it is.

The bookcase is taller than the coffee table.

Math in Focus
Conexiones entre ESCUELA Y CASA

Capítulo 13 Medición de longitud usual

Estimada familia:

En este capítulo, su hijo aprenderá a medir en unidades de longitud usuales. Algunas de las destrezas que practicará su hijo son:

- estimar y medir longitud en pies y pulgadas usando una regla
- comparar longitudes de objetos
- encontrar la diferencia de longitud entre objetos
- resolver problemas reales sobre longitud usando modelos de barra

Vocabulario para practicar

El **pie** es una unidad de longitud.
La **pulgada** es otra unidad de longitud y se usa para medir longitudes de objetos más cortos.

Si A mide 1 pie de largo, B mide 2 pies de largo y C mide 3 pies de largo, entonces:
C es **el más largo**.
A es **el más corto**.
B es 1 pie **más largo que** A.

Actividad Medición y comparación

Ser capaz de comparar longitudes de objetos ayuda al niño a realizar muchas deducciones lógicas acerca de cosas cotidianas. Por ejemplo, su hijo debe ser capaz de comparar la altura de un librero y una habitación y decidir si el librero cabe en la habitación. En esta actividad, su hijo aprenderá a estimar, medir y comparar longitudes y alturas de objetos usando unidades estándares como una regla en pulgadas o en pies.

- Pida a su hijo primero que elija la unidad de medición correcta, (pulgadas para objetos más cortos, pies para objetos más largos) luego, que estime, mida y registre la longitud de algunos muebles de su casa. Por ejemplo, un librero, una mesa de centro, etc.
- Escoja dos objetos cualesquiera. Pida a su hijo que compare sus longitudes y que señale cuál es más largo o alto y que halle cuánto más largo es.

El librero es más alto que la mesa de centro.

Math in Focus
SCHOOL to HOME
Connections

Chapter 14 Time

Dear Family,

In this chapter, your child will learn more about reading clocks and telling time. Some of the skills your child will practice are:
- showing and telling time in hours and minutes
- using A.M. and P.M. to show morning, afternoon, or night
- ordering events by time
- determining how much time has elapsed

Activity How Much Time Has Passed

Telling time in hours and minutes is a basic skill required for children to be able to make sense of time and a sequence of events. Use this activity to help your child practice telling time and finding the amount of time that has passed.

- At different times on a weekend day, have your child read a clock and tell the time using A.M. and P.M. Have your child record the time and what he or she was doing at that time. For example, I started lunch at 12:30 P.M.
- At the beginning of any activity, have your child read the time on an analog clock. At the end of the activity, have your child do the same. Ask how much time has passed. Ensure time elapsed is to the nearest hour or half hour.

Vocabulary to Practice

Johnny wakes up at 7:20 in the morning or at 7:20 A.M.

Johnny watches television at 8:15 in the evening or at 8:15 P.M.

School-to-Home Connections

Math in Focus
Conexiones entre ESCUELA Y CASA

Capítulo 14 Hora

Estimada familia:

En este capítulo, su hijo aprenderá a leer relojes y a ver la hora. Algunas de las destrezas que practicará su hijo son:

- señalar y ver la hora en horas y minutos
- representar la mañana, la tarde o la noche usando A.M. y P.M.
- ordenar hechos cronológicamente
- determinar cuánto tiempo ha transcurrido

Actividad Cuánto tiempo ha transcurrido

Decir la hora en horas y minutos es una destreza básica que requieren los niños para que sean capaces de entender la hora y una secuencia de hechos. Utilice esta actividad para ayudar a su hijo a practicar ver la hora y averiguar la cantidad de tiempo que ha transcurrido.

- A distintas horas de un día del fin de semana, pida a su hijo que lea un reloj y le diga la hora usando A.M. y P.M. Pida a su hijo que registre la hora y lo que estaba haciendo en ese momento. Por ejemplo, comencé a almorzar a las 12:30 P.M.
- Al inicio de cualquier actividad, pida a su hijo que lea la hora en un reloj análogo. Al final de la actividad, pida a su hijo que haga lo mismo. Pregunte cuánto tiempo ha transcurrido. Asegúrese de que el tiempo transcurrido se aproxime a la hora o a la media hora.

Vocabulario para practicar

Johnny se despierta a las 7:20 de la mañana o a las 7:20 A.M.

Johnny ve televisión a las 8:15 de la noche o a las 8:15 P.M.

Math in Focus
SCHOOL to HOME
Connections

Chapter 15 Multiplication Tables of 3 and 4

Dear Family,

In this chapter, your child will learn to multiply by 3 and 4. Some of the skills your child will practice are:
- multiplying using dot paper and by skip-counting
- using known multiplication facts to find new multiplication facts
- dividing using related multiplication facts

Activity Make Equal Groups

Help your child relate the idea of equal groups to multiplication by working with concrete objects. You will need 50 beans, an egg carton, and index cards. Make two sets of index, one with the numbers 1 to 10, and the other with the numbers 3 and 4.

- Ask your child to pick one card from each set and write a multiplication sentence using these numbers. Your child should leave a blank for the answer.
- Now, have your child make the required number of equal groups of beans to find the answer to the multiplication sentence. Have your child count the total number and find the answer.
- Ask your child to write a related division sentence.
- Repeat the activity with different numbers.
- Once your child has grasped the idea of multiplication, have him or her say the multiplication tables of 3 and 4 by skip-counting.

Vocabulary to Practice

Skip-Counting:
Skip-counting by 3s:

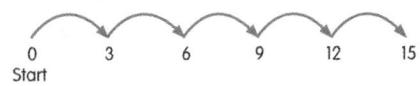

Skip-counting by 4s:

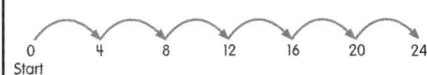

Related Multiplication Facts:
$5 \times 3 = 15$ and
$3 \times 5 = 15$
are related multiplication facts.

Related division sentences
for these multiplication facts are
$15 \div 3 = 5$ and
$15 \div 5 = 3$.

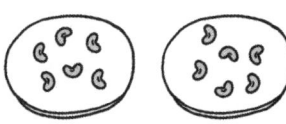

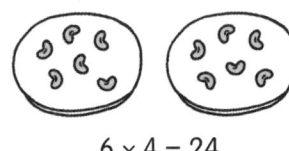

$6 \times 4 = 24$
$24 \div 4 = 6$

School-to-Home Connections 33

Math in Focus
Conexiones entre ESCUELA Y CASA

Capítulo 15 Las tablas de multiplicar del 3 y 4

Estimada familia:

En este capítulo su hijo aprenderá a multiplicar por 3 y 4. Algunas de las destrezas que practicará su hijo son:

- multiplicar usando papel punteado y contando salteado
- encontrar nuevas operaciones de multiplicación usando operaciones de multiplicación conocidas
- dividir usando operaciones de multiplicación relacionadas

Actividad Formar grupos iguales

Ayude a su hijo a relacionar la idea de grupos iguales con la multiplicación trabajando con objetos concretos. Necesitará 50 frijoles, una caja de huevos y tarjetas. Forme dos conjuntos de índices, uno con números del 1 al 10 y el otro con los números 3 y 4.

- Pida a su hijo que elija una tarjeta de cada conjunto y escriba un enunciado de multiplicación usando estos números. Su hijo deberá dejar un espacio en blanco para la respuesta.
- Ahora, pida a su hijo que escriba el número requerido de los grupos iguales de frijoles para hallar la respuesta al enunciado de multiplicación. Pida a su hijo que cuente el número total y averigüe la respuesta.
- Pida a su hijo que escriba un enunciado de división relacionado.
- Repita la actividad con diferentes números.
- Una vez que su hijo ha captado la idea de la multiplicación, pídale que diga las tablas de multiplicar del 3 y del 4 contando salteado.

Vocabulario para practicar

Contar salteado:
Contar salteado de a tres:

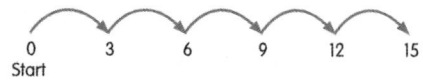

Contar salteado de a cuatro:

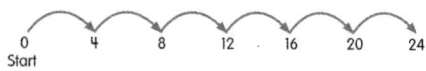

Operaciones de multiplicación relacionadas:
$5 \times 3 = 15$ y
$3 \times 5 = 15$
son operaciones de multiplicación relacionadas.

Los enunciados de división relacionados para estas operaciones de multiplicación son
$15 \div 3 = 5$ y
$15 \div 5 = 3$.

$6 \times 4 = 24$
$24 \div 4 = 6$

Math in Focus
SCHOOL to HOME Connections

Chapter 16 Using Bar Models: Multiplication and Division

Dear Family,

In this chapter, your child will learn to draw bar models to solve problems involving multiplication, division, measurement, and money.

Activity Draw Bar Models

Drawing bar models is an important skill that makes it easier for children to understand and solve real-world problems. Use strips of paper to make bar models. As needed, cut each strip into 2, 3, 4, 5, or 10 parts of equal length.

- Give a word problem to your child. For example, A sheep has 4 legs. How many legs do 5 sheep have?
- Ask him or her to represent the problem with the help of the strips representing bar models.
- Your child pastes 5 strips of the same length in a row on a sheet of paper. He or she draws a bracket with `4´ above the first strip.
- Then he or she draws a bracket with a question mark below the 5 strips, which means that he or she has to find the total number of legs 5 sheep have.
- Pose other similar multiplication and division word problems and let your child show a related bar model.

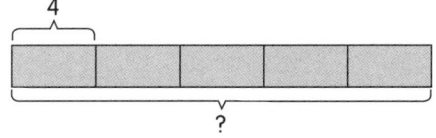

Vocabulary to Practice

Bar model for multiplication:
Peggy has 4 potted plants.
There are 5 roses in each potted plant.
How many roses are there in all?

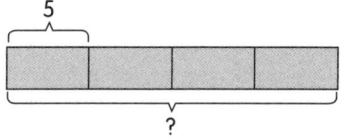

$5 \times 4 = 20$
There are 20 roses in all.

Bar models for division:
Peggy has 4 plant pots. She has 20 seeds. She puts an equal number of seeds in each pot. How many seeds does she put in each pot?

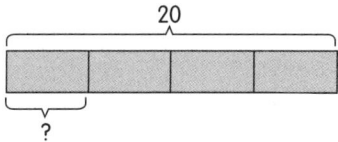

$20 \div 4 = 5$
She puts 5 seeds in each pot.

Peggy has 20 seeds. She puts 5 seeds in each plant pot. How many plant pots does she have?

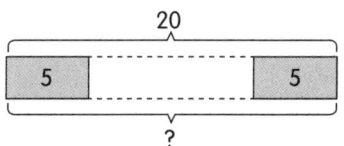

$20 \div 5 = 4$
She has 4 plant pots.

Math in Focus
Conexiones entre ESCUELA Y CASA

Capítulo 16 Uso de modelos de barra: Multiplicación y división

Estimada familia:

En este capítulo, su hijo aprenderá a dibujar modelos de barra para solucionar problemas de multiplicación, división, medición y dinero.

Actividad Dibujar modelos de barra

El dibujo de modelos de barra es una destreza importante que ayuda al niño a entender y a resolver problemas reales. Utilice tiras de papel para hacer los modelos de barra. Conforme sea necesario, corte cada tira en 2, 3, 4, 5 ó 10 partes de igual longitud.

- Indique a su hijo un problema. Por ejemplo, una oveja tiene cuatro patas. ¿Cuántas patas tienen 5 ovejas?
- Pida a su hijo que represente el problema con la ayuda de las tiras de papel confeccionando un modelo de barra.
- Su hijo pega cinco tiras de la misma longitud en una línea en una hoja de papel. Él o ella dibuja un paréntesis con un `4´ sobre la primera tira.
- Luego, dibuja un paréntesis con un signo de interrogación debajo de las cinco tiras, lo que significa que deberá averiguar el número total de patas de las cinco ovejas.
- Plantee otros problemas similares de multiplicación y división y permita que su hijo represente un modelo de barra relacionado.

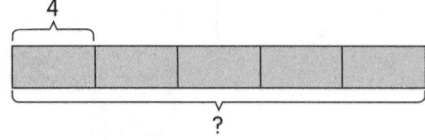

Vocabulario para practicar

Modelos de barra para multiplicar:
Peggy tiene 4 plantas en macetero. Hay 5 rosas en cada macetero. ¿Cuántas rosas hay en total?

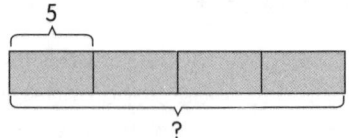

$5 \times 4 = 20$
Hay 20 rosas en total.

Modelos de barra para dividir:
Peggy tiene 4 maceteros. Tiene 20 semillas. Puso en cada macetero la misma cantidad de semillas. ¿Cuántas semillas puso en cada macetero?

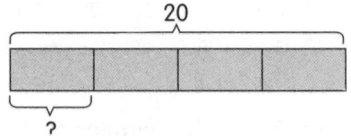

$20 \div 4 = 5$
Puso 5 semillas en cada macetero. Peggy tiene 20 semillas. Puso 5 semillas en cada macetero. ¿Cuantos maceteros tiene?

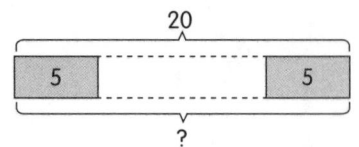

$20 \div 5 = 4$
Tiene 4 maceteros.

Math in Focus
SCHOOL to HOME Connections

Chapter 17 Picture Graphs

Dear Family,

In this chapter, your child will study picture graphs. Work in this chapter will include:
- reading and interpreting picture graphs
- making picture graphs
- solving real-world problems using picture graphs

Activity Make Picture Graphs

Representing data in the form of picture graphs makes it easier to read and interpret the data. In this activity your child will learn to display data with the help of picture graphs.
Get some nuts. (4 hazelnuts, 8 cashew nuts, 12 pecans, and 16 peanuts.)

- Have your child count the number of each kind of nut and draw a picture graph using symbols representing a scale of 2. Ensure your child indicates in the key how much each symbol stands for.

- Ask:
  How many of each nut are there?
  How many nuts are there in all?
  How many more pecans are there than hazelnuts?
  How many fewer hazelnuts are there than cashew nuts?
  How many peanuts and hazelnuts are there in all?

- Now, have your child draw the same picture graph using a different key and ask how much each symbol stands for.

Vocabulary to Practice

A **picture graph** shows data using pictures or symbols.

The **key** of a picture graph shows what each picture or symbol stands for.

School-to-Home Connections 37

Math in Focus
Conexiones entre ESCUELA Y CASA

Capítulo 17 Pictografías

Estimada familia:

En este capítulo, su hijo estudiará pictografías.
El trabajo en este capítulo incluirá:
- leer e interpretar pictografías
- elaborar pictografías
- resolver problemas reales usando pictografías

Actividad Hacer pictografías

Representar datos por medio de pictografías facilita la lectura e interpretación de datos. En esta actividad, su hijo aprenderá a mostrar datos con ayuda de pictografías.
Consiga algunos frutos secos. (4 avellanas, 8 castañas de cajú, 12 nueces y 16 cacahuates.)

- Pida a su hijo que cuente cada tipo de fruto seco y que dibuje una pictografía usando símbolos que representen una escala de dos. Asegúrese de que su hijo indique en la clave a cuánto equivale cada símbolo.

- Pregunte:
  ¿Cuántos frutos secos de cada tipo hay?
  ¿Cuántos frutos secos hay en total?
  ¿Cuántas nueces más hay que avellanas?
  ¿Cuántas avellanas menos hay que castañas de cajú?
  ¿Cuántos cacahuates y avellanas hay en total?

- Ahora, pida a su hijo que dibuje la misma pictografía usando una clave diferente y pregunte a cuánto equivale cada símbolo.

Vocabulario para practicar

Una **pictografía** representa datos por medio de imágenes o símbolos.

La **clave** de una pictografía representa el significado de cada imagen o símbolo.

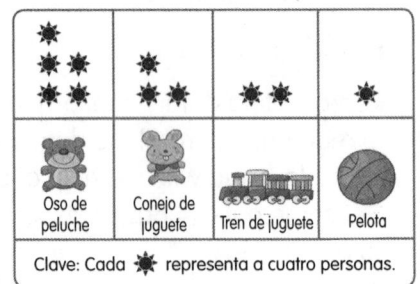

Math in Focus
SCHOOL to HOME
Connections

Chapter 18 Lines and Surfaces

Dear Family,

In this chapter, your child will learn about lines and surfaces. Some of the skills your child will practice are:
- identifying, describing, and drawing parts of lines and curves
- classifying and counting flat and curved surfaces
- identifying solids that can stack, slide, and/or roll

Activity Guess the Object

Identifying lines, curves, flat surfaces, and curved surfaces is an important skill that lays the foundation for geometry. Use this activity to check your child's understanding of some of the new ideas learned in this chapter. Put some items in a pillow case or a cloth bag – a tennis ball, a small box, a water bottle, an orange, a CD case, a party hat and so forth.

- Have your child reach into the cloth bag, feel an item, and then describe its attributes using the terms *flat surface*, *curved surface*, and *flat and curved surfaces*.
- Ask your child if the item can be stacked, slid, or rolled.
- Have your child guess what the item is.

Vocabulary to Practice

Part of a line:

Curve:

A ruler has a **flat surface**. A ball does not have a flat surface. It has a **curved surface**.

You can **slide** objects that have a flat surface.

You can **stack** some objects that have more than one flat surface.

You can **roll** objects that have curved surfaces.

Math in Focus
Conexiones entre ESCUELA Y CASA

Capítulo 18 Líneas y superficies

Estimada familia:

En este capítulo, su hijo aprenderá sobre líneas y superficies. Algunas de las destrezas que practicará su hijo son:
- identificar, describir y dibujar partes de líneas y curvas
- clasificar y contar superficies planas y curvas
- identificar figuras geométricas que se pueden apilar, deslizar y/o rodar

Actividad Adivinar el objeto

Identificar líneas, curvas, superficies planas y curvas es una destreza importante que sienta las bases de la geometría. Utilice esta actividad para verificar que su hijo comprende algunas de las nuevas ideas aprendidas en este capítulo. Coloque algunos elementos en una funda o bolsa de género, como una pelota de tenis, una caja pequeña, una botella de agua, una naranja, una caja de CD, un gorro de cumpleaños, etc.

- Pida a su hijo que busque dentro de la bolsa de género, que sienta el objeto y que luego describa sus atributos usando los términos *superficie plana*, *superficie curva* y *superficies plana y curva*.
- Pregunte a su hijo si los objetos se pueden apilar, deslizar o rodar.
- Pida a su hijo que adivine qué objeto es.

Vocabulario para practicar

Parte de una línea:

Curva:

Una regla tiene una **superficie plana**.
Una pelota no tiene una superficie plana. Tiene una **superficie curva**.

Los objetos con superficies planas se pueden **deslizar**.

Algunos objetos que tienen más de una superficie plana se pueden **apilar**.

Los objetos que tienen superficie curva se pueden **rodar**.

Math in Focus
SCHOOL to HOME
Connections

Chapter 19 Shapes and Patterns

Dear Family,

In this chapter, your child will study plane shapes, solid shapes, and patterns. Work in this chapter will include:
- combining and separating plane shapes or solid shapes drawing plane shapes and figures
- making patterns using different sizes, shapes, colors, and positions

Activity Separate Shapes and Make Patterns

Identifying plane and solid shapes is an important skill children will need to master before they study geometry further. Trace this figure onto another sheet of paper.

- Have your child show you how to separate this figure into smaller plane shapes by cutting out each shape.
- Ask your child to name each of the smaller plane shapes.
- Now, ask your child to use two of these plane shapes and create a pattern. For example, your child may use the circle and the triangle to form a pattern like this.

Vocabulary to Practice

A **plane shape** is a two-dimensional flat shape that has length and width but no thickness.

Trapezoid

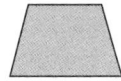 

Hexagon

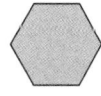

You can make **figures** by combining different shapes.

A **pattern** is something that changes in a regular way. You can make **repeating patterns** using different **sizes**, **shapes**, **colors**, and by **turning** shapes.

School-to-Home Connections 41

Math in Focus
Conexiones entre ESCUELA Y CASA

Capítulo 19 Formas y patrones

Estimada familia:

En este capítulo, su hijo aprenderá sobre figuras planas, cuerpos geométricos y patrones. El trabajo en este capítulo incluirá:

- combinar y separar figuras planas o cuerpos geométricos al dibujar figuras planas y cuerpos
- hacer patrones usando diferentes tamaños, formas, colores y posiciones

Actividad Separar figuras y hacer patrones

Identificar figuras planas y cuerpos geométricos es una destreza importante que necesitarán dominar los niños antes de estudiar geometría en mayor detalle. Dibuje esta figura en otra hoja de papel.

- Pida a su hijo que le muestre cómo separar esta figura en figuras planas más pequeñas cortando cada figura.
- Pida a su hijo que nombre cada una de las figuras planas más pequeñas.
- Ahora pida a su hijo que utilice dos de estas figuras planas y que confeccione un patrón. Por ejemplo, su hijo podría utilizar el círculo y el triángulo para formar un patrón como este.

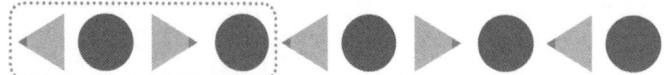

Vocabulario para practicar

Una **figura plana** es una figura plana bidimensional que tiene largo y ancho pero no grosor.

Trapecio

Hexágono

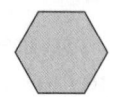

Se puede combinar figuras diferentes, para formar una nueva **figura**.

Un **patrón** es algo que cambia de manera regular.
Se pueden hacer **patrones repetidos** usando diferentes **tamaños**, **figuras**, **colores**, y al **girar** figuras.

42 Math in Focus Grade 2

Math in Focus
SCHOOL to HOME
Connections

Dear Family,

This has been a full year for your child in math. One aspect of learning math is that concepts and skills become solidified over time. Concepts or skills that were new earlier in the year will now seem `easy´. A great way to reinforce your child's appreciation for math is to review the year and his or her growth.

For example, ask your second grader to recall and explain:

- *How can you decide which number is greater?*

    625 or 256?   300 or 700?   948 or 984?

- *What is the difference between the following?*

    trapezoid   hexagon

Ask your child, *Was this always easy for you? What do you know now that makes it easier than before?* Allow your child to be pleased with how much math he or she learned this year!

Finally, take a few minutes now and then over the summer to keep math skills sharp with family math activities. Many ideas have been suggested in these chapter newsletters. Another good source of activities is the U.S. Department of Education publication, *Helping Your Child Learn Math*, available in print or online at www.ed.gov/pubs/parents/Math/

Thank you for supporting your child's efforts in math this year!

Math in Focus
Conexiones entre ESCUELA Y CASA

Estimada familia:

Este ha sido un año completo para su hijo en matemáticas. Un aspecto del aprendizaje de matemáticas es que los conceptos y las destrezas se consolidan con el tiempo. Los conceptos o las destrezas que a principio de año eran nuevas ahora parecerán `fáciles`. Una excelente forma de reforzar el aprecio de su hijo por las matemáticas es revisar el año y su crecimiento.

Por ejemplo, pregunte a su hijo de segundo grado que recuerde y explique:

- ¿Cómo puedes decidir qué número es mayor?

    ¿625 ó 256?   ¿300 ó 700?   ¿948 ó 984?

- ¿Cuál es la diferencia entre las siguientes figuras?

    trapecio   hexágono

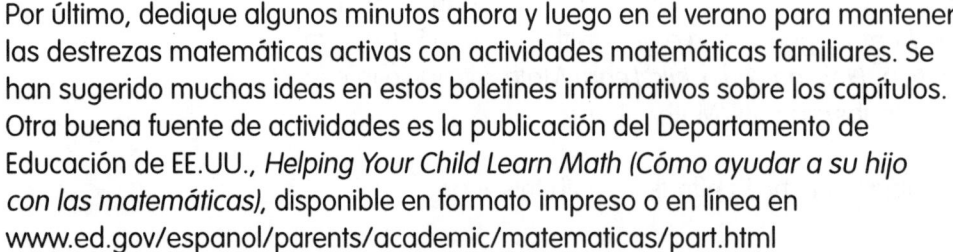

¡Estoy feliz de haber aprendido sobre los modelos de barra este año!

Pregunte a su hijo, ¿Fue esto siempre fácil para ti? ¿Qué sabes ahora que lo hace más fácil que antes? ¡Deje que su hijo se alegre de cuántas matemáticas ha aprendido este año!

Por último, dedique algunos minutos ahora y luego en el verano para mantener las destrezas matemáticas activas con actividades matemáticas familiares. Se han sugerido muchas ideas en estos boletines informativos sobre los capítulos. Otra buena fuente de actividades es la publicación del Departamento de Educación de EE.UU., *Helping Your Child Learn Math (Cómo ayudar a su hijo con las matemáticas)*, disponible en formato impreso o en línea en www.ed.gov/espanol/parents/academic/matematicas/part.html

¡Muchas gracias por apoyar los esfuerzos de su hijo en matemáticas este año!